目录

U0891738

项目一　新能源汽车电路基础知识

任务1　新能源汽车电路基础元件识别

学生姓名		班级		学号	
实训场地		学时		日期	
客户任务	一辆新能源汽车，故障修复后需要检查全车的电气元件，你的主管让你去检查，并提醒你注意高压电，你能完成这个任务吗？				
工作准备	1. 防护装备：常规实训着装。 2. 车辆、台架、总成：北汽 EV200，比亚迪秦，或其他同类新能源汽车。 3. 专用工具、设备：无。 4. 手工工具：无。 5. 辅助材料：无				
任务要求	1. 能够识别新能源汽车低压电路基础元件。 2. 能够识别新能源汽车高压电路基础元件				

资讯

请阅读教材中的“相关知识”，完成以下内容。

1. 北汽新能源纯电动汽车电路元件的识别

1）整车性能参数

____

____

2）整车结构

____

____

3）主要部件识别

（1）动力电池：______________________________

（2）驱动电机及控制器：______________________________

（3）动力控制单元 PDU：______________________________

（4）仪表板：______________________________

（5）启动开关：______________________________

（6）换挡杆：______________________________

（7）灯光操作：______________________________

(8)空调操作:______

2. 比亚迪秦混合动力电动汽车电路元件的识别

1)新能源汽车低压电路基础元件的位置、功用和类型

(1)低压电器元件分布:______

(2)12V 电源系统元件:______

(3)组合仪表元件:______

2)新能源汽车高压电路基础元件的位置、功用和类型

(1)整车高压电器分布:______

(2)高压系统各部件:______

计划和决策

请根据任务要求,确定所需要的场地和物品,并对小组成员进行合理分工,制订详细的工作计划。

一 制订人员分工

小组编号:______ 组长:______

小组成员:______

你的任务:______

二 准备场地及物品

检查并记录完成任务需要的场地、设备、工具及材料。

1. 场地

检查工作场地是否清洁及存在安全隐患,如不正常,请汇报老师并及时处理。

记录:______

2. 车辆、充电桩、总成、工件

(1)车辆:______

(2)充电桩:______

(3)其他:______

3. 设备及工具

(1)防护装备:______

(2)设备及工具:______

4. 安全要求及注意事项

(1)实训汽车停在实训工位上,没有经过老师批准不可起动,应先检查车轮的安全顶块是否放好,驻车制动器操纵杆是否拉好,换挡杆是否放在 P 挡(自动变速器),确认车前应没有人。

(2)禁止触碰任何带安全警示标识的部件。
(3)实训期间禁止嬉戏打闹。

三 制订工作方案

根据任务,小组进行讨论,确定工作方案(流程/工序),并记录。

实施和检查

根据制订的计划实施,完成以下任务并记录。

1. 北汽新能源 EV 系列纯电动汽车电路元件的识别

1)整车性能参数

填写整车的性能参数表:

主要配置及性能		对应车型数据
尺寸	长/宽/高(mm)	
	最小离地间隙(mm)	
质量	整备质量(kg)	
动力电池	供应商	
	电芯类型	
	标称能量(kW·h)	
驱动电机	供应商	
	额定/峰值功率(kW)	
	最大转矩(N·m)	
充电	慢充时间	
	快充时间(min)	
动力性	30min 最高车速(km/h)	
	最高车速(km/h)	
	0～50km/h 加速时间(s)	
	0～100km/h 加速时间(s)	
	坡道起步能力(%)	
	最大爬坡度(%)	

续上表

主要配置及性能		对应车型数据
NEDC 工况经济性	续驶里程(km)	
	能量消耗率(kW·h/100km)	
	能量回收率(%)	
等速 60km/h	续驶里程(km)	
	能量消耗率(kW·h/100km)	
制动性能	初速度 100km/h(满载) 制动距离(m)	

2)整车结构

查找主要电气元件在整车中的相对位置。

(1)低压蓄电池位置:______

(2)维修开关位置:______

(3)快充口位置:______

(4)慢充口位置:______

3)主要部件识别

(1)动力电池。

动力电池位置:______

(2)驱动电机及控制器。

①驱动电机位置:______

②驱动电机控制器位置:______

(3)动力控制单元 PDU。

①PDU 位置:______

②PDU 的功能组成:______

(4)组合仪表。

①你能识别的指示灯:______

②你不能识别的指示灯:______

③操作仪表按钮 A 的显示内容:______

④操作仪表按钮 B 的显示内容:______

(5)起动开关。

起动开关挡位的功能:______

(6)换挡杆。

①换挡杆 4 个位置的功能:______

②E 挡的指示灯状态:______

(7)灯光操作。

灯光操作调节按钮的功能:______

(8)空调操作。

空调操作按键的功能：

2. 比亚迪秦混合动力电动汽车电路元件的识别

1)低压电气元件的识别

(1)低压电气元件安装位置识别。

在实车上，按以下顺序分别查找相关的低压电气元件安装位置。

①前舱：

②驾驶舱：

③顶篷：

④后部：

(2)12V 电源系统元件识别。

在实车上，查找并识别 12V 电源系统主要零部件。

①正极熔断器盒Ⅰ：

②车底的低压电源线：

③正极熔断器盒Ⅱ：

④12V 低压蓄电池：

(3)组合仪表元件识别。

参照“相关知识”的内容，查找并识别组合仪表主要零部件。

①显示模式：

②指示灯：

2)高压电气元件的识别

(1)高压电气元件安装位置识别。

在实车上，按以下顺序分别查找相关的高压电气元件安装位置。

①行李舱内部：

②驾驶室内部：

③底盘：

④前舱：

(2)高压系统各部件识别

参照“相关知识”的内容，查找并识别高压系统主要零部件。

①动力电池包及高压线束、采样线束：

②维修开关：

③高压配电箱，包括外部高压端子、低压线束、漏电传感器检测线、空调熔断丝、车载充电器熔断丝：

④漏电传感器：

⑤分布式动力电池管理系统，包括 BIC 和 BMC：

⑥驱动电机控制器与 DC 总成：

⑦充电系统，包括交流充电连接装置、交流充电口、车载充电器：

⑧高压电缆，包括整车高压电缆线束：

评估

根据任务完成情况,学生自我评分,教师或指定组长过程巡视/验收检查时,若发现问题直接扣分。

评估项目(分值)	自我评估	小组评估	教师评估
资讯(5)			
计划和决策(5)			
实施和检查(10)			
合计(20)			
总评			

教师签名:____________

任务2 新能源汽车电路图识读

学生姓名		班级		学号	
实训场地		学时		日期	
客户任务	一辆新能源汽车,故障修复后需要检查全车电路是否正常,你的主管让你参照电路图进行检查,你能完成这个任务吗?				
工作准备	1. 防护装备:常规实训着装。 2. 车辆、台架、总成:北汽纯电动汽车,比亚迪秦混合动力电动汽车或其他同类新能源汽车。 3. 专用工具、设备:无。 4. 手工工具:无。 5. 辅助材料:对应车型(北汽新能源、比亚迪秦或其他新能源汽车)电路图及维修手册				
任务要求	能够进行新能源汽车电路图的识读				

资讯

请阅读教材中的“相关知识”,完成以下内容。

1. 如何使用电路图

电路图的使用相关说明。

2. 电路图中接线的颜色代码

常见的电路图颜色代码。

3. 北汽纯电动汽车电路图中熔断器、继电器、元件的代码

(1)熔断器代码:____________________

(2)继电器代码:____________________

(3)元件代码:____________________

4. 比亚迪秦混合动力电动汽车电路图中元素的编码规则

1)接插件的编码

(1)电路图中接插件编码由几部分组成:____________________

(2)电路图中接插件编码的类型:____________________

2)熔断器的编码规则

电路图中各部分的熔断器编码规则:____________________

3)继电器的编码规则

电路图中各部分的继电器编码规则:____________________

5. 电路图中整车配电及低压线束位置和规格

1)整车配电

(1)比亚迪秦混合动力电动汽车配电盒的数量和位置:______________________

(2)比亚迪秦混合动力电动汽车电源的数量和位置:______________________

2)整车低压线束

比亚迪秦混合动力电动汽车重要低压线束的位置:______________________

计划和决策

请根据任务要求,确定所需要的场地和物品,并对小组成员进行合理分工,制订详细的工作计划。

一 制订人员分工

小组编号:______________________组长:______________________

小组成员:______________________

你的任务:______________________

二 准备场地及物品

检查并记录完成任务需要的场地、设备、工具及材料。

1. 场地

检查工作场地是否清洁及存在安全隐患,如不正常,请汇报老师并及时处理。

记录:______________________

2. 车辆、充电桩、总成、工件

(1)车辆:______________________

(2)充电桩:______________________

(3)其他:______________________

3. 设备及工具

(1)防护装备:______________________

(2)设备及工具:______________________

4. 安全要求及注意事项

(1)实训汽车停在实训工位上,没有经过老师批准不可起动,应先检查车轮的安全顶块是否放好,驻车制动器操纵杆是否拉好,换挡杆是否放在P挡(自动变速器),确认车前应没有人。

(2)禁止触碰任何带安全警示标识的部件。

(3)实训期间禁止嬉戏打闹。

三 制订工作方案

根据任务,小组进行讨论,确定工作方案(流程/工序),并记录。

____

____

____

____

____

实施和检查

根据制订的计划实施,完成以下任务并记录。

1. 北汽纯电动汽车电路图识读

1)北汽纯电动汽车电路图的特点了解

北汽纯电动汽车电路图的特点:_______________

2)电路图接线的颜色信息的认识

写出你掌握的接线颜色代码。

序　号	线　色	代　码

3)熔断器、继电器和元件的代码

认识电路图中熔断器、继电器和元件的代码,并能在实车上找到对应的元件。

序　号	代　码	对应元件名称	是否在实车上找到对应元件
1	BA		
2	MF01		
3	FB17		
4	J1		
5	K36		
6	PB		
7	U100		
8	QIC		
9	TMC		
10	VPC		

续上表

序　号	代　码	对应元件名称	是否在实车上找到对应元件
11	U103		
12	J5		
13	J2		
14	J7		
15	J8		
16	U101		
17	KO		
18	EPS		
19	DPT		
20	HCB		

4)读懂电路

随机挑选电路图手册的电路图,读懂电路图,掌握相关元件之间的关系。

2. 比亚迪秦混合动力电动汽车电路图识读

1)电路图中元素编码规则的认识

根据电路图,分别查找并认识以下元素,注意区分编码规则。

(1)接插件的编码规则:________________

(2)熔断器的编码规则:________________

(3)继电器的编码规则:________________

2)电路图中整车配电及低压线束位置和规格的认识

根据电路图,分别查找并认识以下整车配电及低压线束位置和规格。

(1)整车配电的认识。

①查找比亚迪秦5个配电盒及3个电源的位置:________________

②根据整车配电原理图分析它们之间的关系:________________

(2)配电盒及电源的认识。

根据电路图,在实车上查找以下部件的位置、编号及规格。

①前舱配电盒:________________

②仪表板配电盒:________________

③行李舱配电盒:________________

④正极熔断器盒Ⅰ:________________

⑤正极熔断器盒Ⅱ:________________

⑥前舱配电盒Ⅱ:________________

⑦仪表配电盒Ⅱ:________________

⑧外挂继电器及熔断器:________________

(3)整车低压线束位置及编号的认识。

根据电路图,在实车上查找以下线束的位置、编号及规格。

①前横梁线束：________________

②前舱线束：________________

③发动机线束：________________

④仪表板线束：________________

⑤底板线束：________________

⑥蓄电池正极线束：________________

评估

根据任务完成情况，学生自我评分，教师或指定组长过程巡视/验收检查时，若发现问题直接扣分。

评估项目(分值)	自我评估	小组评估	教师评估
资讯(5)			
计划和决策(5)			
实施和检查(10)			
合计(20)			
总评			

教师签名：__________

项目二　新能源汽车维修工具及检测设备的使用

任务 1　新能源汽车维修工具及检测设备的认知

学生姓名		班级		学号	
实训场地		学时		日期	
客户任务	你所在的维修站需要组建新能源汽车专业维修车间,你的主管让你做一份新能源汽车维修工具及检测设备配置清单,你能完成这个任务吗?				
工作准备	1. 防护装备:常规实训着装。 2. 车辆、台架、总成:北汽新能源或其他品牌的纯电动汽车。 3. 专用工具、设备:绝缘拆装工具、钳形电流表、绝缘测试仪、对应车型故障诊断仪器。 4. 手工工具:无。 5. 辅助材料:无				
任务要求	1. 能够识别新能源汽车维修工具。 2. 能够识别新能源汽车检测设备				

资讯

请阅读教材中的“相关知识”,完成以下内容。

1. 新能源汽车维修工具及检测设备

完成下表,说明新能源汽车维修有哪些工具和设备,以及规格。

序号	类　型	工具设备名称	规 格 要 求	常见的型号举例
1	拆装工具			
2	检测仪表			
3				
4				
5	诊断仪器			

2. 拆装工具

拆装工具的要求:______________________________

3. 检测仪表

1)数字式万用表

要求及功能：______

2)绝缘电阻测试仪

要求及功能：______

3)钳形电流表

要求及功能：______

4. 诊断仪器

要求及功能：______

计划和决策

请根据任务要求，确定所需要的场地和物品，并对小组成员进行合理分工，制订详细的工作计划。

一 制订人员分工

小组编号：______ 组长：______

小组成员：______

你的任务：______

二 准备场地及物品

检查并记录完成任务需要的场地、设备、工具及材料。

1. 场地

检查工作场地是否清洁及存在安全隐患，如不正常，请汇报老师并及时处理。

记录：______

2. 车辆、充电桩、总成、工件

(1)车辆：______

(2)充电桩：______

(3)其他：______

3. 设备及工具

(1)防护装备：______

(2)设备及工具：______

4. 安全要求及注意事项

(1)实训汽车停在实训工位上，没有经过老师批准不可起动，应先检查车轮的安全顶块是否放好，驻车制动器操纵杆是否拉好，换挡杆是否放在P挡(自动变速器)，确认车前应没有人。

(2)禁止触碰任何带安全警示标识的部件。
(3)实训期间禁止嬉戏打闹。

三 制订工作方案

根据任务,小组进行讨论,确定工作方案(流程/工序),并记录。

____
____
____
____
____

实施和检查

根据制订的计划实施,完成以下任务并记录。

1.拆装工具认知

(1)根据实训室的配备,分别认识各种绝缘拆装工具的外观、型号、规格和用途。
绝缘拆装工具:______________________________
(2)根据实训室的条件,采用绝缘拆装工具,拆装新能源汽车相关部件。
拆装记录:______________________________

2.检测仪表认知

根据实训室的配备,分别认识以下检测仪表的外观、型号、规格和用途。
(1)数字式万用表:______________________________
(2)钳形电流表:______________________________
(3)高压绝缘测试仪:______________________________

3.诊断仪器认知和使用

(1)根据实训室的配备,分别认识各车型故障诊断仪器的外观、型号、规格和用途。
①北汽纯电动汽车诊断仪器:______________________________
②比亚迪混合动力电动汽车诊断仪器:______________________________
③其他车型诊断仪器:______________________________
(2)根据实训室的配备,参照"相关知识"的内容,使用北汽纯电动汽车的BDS诊断仪器进行故障码读取。
①操作过程记录:______________________________
②读取到的故障代码:______________________________

评估

根据任务完成情况,学生自我评分,教师或指定组长过程巡视/验收检查时,若发现问题直接扣分。

评估项目(分值)	自我评估	小组评估	教师评估
资讯(5)			
计划和决策(5)			
实施和检查(10)			
合计(20)			
总评			

教师签名:____________

任务2　常用新能源汽车维修工具及检测设备的使用

学生姓名		班级		学号	
实训场地		学时		日期	
客户任务	你所在的维修站采购一批新能源汽车维修工具及检测设备,你的主管让你对这些工具设备进行检查和测试,你能完成这个任务吗?				
工作准备	1. 防护装备:绝缘防护装备。 2. 车辆、台架、总成:荣威 e50、丰田普锐斯或其他车型新能源车辆或台架。 3. 专用工具、设备:数字万用表(Fluke 87)、数字钳形电流表(Fluke 317)、数字绝缘电阻测试仪(Fluke 1587),或同类的仪表。 4. 手工工具:绝缘拆装工具。 5. 辅助材料:普通接线板				
任务要求	1. 能够正确使用万用表测量直流、交流电压。 2. 能够正确使用钳形电流表测量直流、交流电流。 3. 能够正确使用绝缘测试仪测量绝缘电阻				

资讯

请阅读教材中的“相关知识”,完成以下内容。

1. 绝缘拆装工具的使用

绝缘拆装工具使用注意事项:______

2. 钳形电流表的电流测量

钳形电流表的测量步骤:______

3. 数字式绝缘测试仪的使用

(1)仪表使用注意事项:______

(2)仪表功能介绍:______

______

______

计划和决策

请根据任务要求,确定所需要的场地和物品,并对小组成员进行合理分工,制订详细的工作计划。

一 制订人员分工

小组编号：______________ 组长：______________
小组成员：______________________________
你的任务：______________________________

二 准备场地及物品

检查并记录完成任务需要的场地、设备、工具及材料。

1. 场地

检查工作场地是否清洁及存在安全隐患，如不正常，请汇报老师并及时处理。
记录：______________________________

2. 车辆、充电桩、总成、工件

（1）车辆：______________________________
（2）充电桩：______________________________
（3）其他：______________________________

3. 设备及工具

（1）防护装备：______________________________
（2）设备及工具：______________________________

4. 安全要求及注意事项

（1）实训汽车停在实训工位上，没有经过老师批准不可起动，应先检查车轮的安全顶块是否放好，驻车制动器操纵杆是否拉好，换挡杆是否放在P挡（自动变速器），确认车前应没有人。

（2）禁止触碰任何带安全警示标识的部件。

（3）实训期间禁止嬉戏打闹。

三 制订工作方案

根据任务，小组进行讨论，确定工作方案（流程/工序），并记录。

____
____
____
____

实施和检查

根据制订的计划实施，完成以下任务并记录。

1. 数字万用表的使用

1)数字万用表接口认识

普通数字万用表接线、端子、挡位、测量范围的认识。

记录：______

2)数字万用表测量直流及交流电压

(1)测量直流电压(低压蓄电池)。

①直流电压数值：______

②操作记录：______

(2)测量交流电压(普通接线板)。

①交流电压数值：______

②操作记录：______

2. 钳形电流表的使用

1)测试前安全防护

操作记录：______

2)使用钳形电流表测量驱动电机的 W 线束、V 线束、U 线束交流电流

(1)交流电压数值。W 线束：______ V 线束：______ U 线束：______

(2)操作记录：______

3)使用钳形电流表测量驱动电机的 PEB 高压线束直流电流

(1)直流电压数值：______

(2)操作记录：______

4)使用钳形电流表测量启动电流和充电电流

(1)启动电流数值：______

(2)充电电流数值：______

(3)操作记录：______

3. 绝缘测试仪的使用

1)绝缘测试仪的挡位认识

绝缘测试仪接线、端子、挡位、测量范围的认识。

记录：______

2)绝缘测试仪内部电池和熔断丝的测试

(1)电池数值/状况：________________

(2)熔断丝数值/状况：________________

(3)操作记录：________________

____

3)绝缘电阻的测量

(1)绝缘手套或其他绝缘体的绝缘电阻数值：________________

(2)操作记录：________________

____

评估

根据任务完成情况，学生自我评分，教师或指定组长过程巡视/验收检查时，若发现问题直接扣分。

评估项目(分值)	自我评估	小组评估	教师评估
资讯(5)			
计划和决策(5)			
实施和检查(10)			
合计(20)			
总评			

教师签名：________

项目三　高压电基础理论

任务1　高压电基础理论与安全识别

学生姓名		班级		学号	
实训场地		学时		日期	
客户任务	很多维修技术人员谈到纯电动汽车高电压时，都会谈“压”色变。你的主管要求你给车间人员培训如何去识别新能源汽车上的高压电，你能完成这个任务吗？				
工作准备	1. 防护装备：绝缘防护装备。 2. 车辆、台架、总成：新能源汽车（在国家车型目录内车辆）。 3. 专用工具、设备：万用表。 4. 手工工具：无。 5. 辅助材料：无				
任务要求	能够正确识别高电压车辆警示标识				

资讯

请阅读教材中的“相关知识”，完成以下内容。

1. 电的基本概念

(1)电从哪里来：______

(2)什么是导体：______

(3)什么是绝缘体：______

(4)什么是半导体：______

2. 欧姆定律

电压、电流、电阻的关系：______

3. 高压与低压

(1)高压级别的划分：______

(2)高压的特点：______

4. 高压标识

(1)高压警示标识的特征：______

(2)高压警示颜色：______

计划和决策

请根据任务要求,确定所需要的场地和物品,并对小组成员进行合理分工,制订详细的工作计划。

一 制订人员分工

小组编号:______________________组长:______________________

小组成员:____

你的任务:____

二 准备场地及物品

检查并记录完成任务需要的场地、设备、工具及材料。

1. 场地

检查工作场地是否清洁及存在安全隐患,如不正常,请汇报老师并及时处理。

记录:____

2. 车辆、充电桩、总成、工件

(1)车辆:____

(2)充电桩:____

(3)其他:____

3. 设备及工具

(1)防护装备:____

(2)设备及工具:____

4. 安全要求及注意事项

(1)实训汽车停在实训工位上,没有经过老师批准不可起动,应先检查车轮的安全顶块是否放好,驻车制动器操纵杆是否拉好,换挡杆是否放在P挡(自动变速器),确认车前应没有人。

(2)禁止触碰任何带安全警示标识的部件。

(3)实训期间禁止嬉戏打闹。

三 制订工作方案

根据任务,小组进行讨论,确定工作方案(流程/工序),并记录。

____

____

____

实施和检查

根据制订的计划实施，完成以下任务并记录。

(1)实训教师使用万用表测量电动汽车充电桩输出电压，学生观察并记录下电压值。

警告：测量的操作仅实训教师执行，防止学生触电！

记录：________________________________

(2)打开实训中心新能源车辆前机舱盖，识别高压标识的位置并说明其含义。

①高压标示1：________________________________

②高压标示2：________________________________

③高压标示3：________________________________

④高压标示4：________________________________

⑤高压标示5：________________________________

(3)识别橙色导线的位置，并说明其含义。

①橙色导线意味着什么：________________________________

②你发现了几条橙色导线：________________________________

评估

根据任务完成情况，学生自我评分，教师或指定组长过程巡视/验收检查时，若发现问题直接扣分。

评估项目(分值)	自我评估	小组评估	教师评估
资讯(5)			
计划和决策(5)			
实施和检查(10)			
合计(20)			
总评			

教师签名：____________

任务2 新能源汽车高压部件认知

学生姓名		班级		学号	
实训场地		学时		日期	
客户任务	维修带有高电压的新能源汽车之前,必须正确认识车辆上哪些部件具有高压。你的主管让你去维修一辆纯电动汽车,但是和你一起维修的另一名技师并不了解车辆上哪些部件是危险的,你能在维修前给他正确的引导和说明吗?				
工作准备	1. 防护装备:绝缘防护装备。 2. 车辆、台架、总成:北汽纯电动汽车,比亚迪秦混合动力电动汽车,荣威 e50 纯电动汽车或其他同类新能源汽车。 3. 专用工具、设备:充电器。 4. 手工工具:绝缘拆装组合工具。 5. 辅助材料:无				
任务要求	1. 能够正确判断混合动力电动汽车高压部件位置。 2. 能够正确判断纯电动汽车高压部件位置				

资讯

请阅读教材中的“相关知识”,完成以下内容。

1. 新能源汽车高压部件的主要位置

(1)驱动系统包含的高压部件:________

(2)空调与加热系统包含的高压部件:________

(3)充电系统包含的高压部件:________

(4)电源系统包含的高压部件:________

(5)其他高压部件:________

(6)以上高压部件安装位置具有哪些特点:________

2. 高电压车辆高压特征

(1)高电压类型有:________

(2)哪些系统/部件持续存在高电压:________

(3)哪些系统/部件只有运行时才存在高电压:________

3. 主要高电压部件及特点

(1)混合动力电动汽车高电压部件的位置及特点:________

(2)纯电动汽车高电压部件的位置及特点:________

计划和决策

请根据任务要求,确定所需要的场地和物品,并对小组成员进行合理分工,制订详细的工作计划。

一 制订人员分工

小组编号:________________ 组长:________________

小组成员:________________________________

你的任务:________________________________

二 准备场地及物品

检查并记录完成任务需要的场地、设备、工具及材料。

1. 场地

检查工作场地是否清洁及存在安全隐患,如不正常,请汇报老师并及时处理。

记录:________________________________

2. 车辆、充电桩、总成、工件

(1)车辆:________________________________

(2)充电桩:________________________________

(3)其他:________________________________

3. 设备及工具

(1)防护装备:________________________________

(2)设备及工具:________________________________

4. 安全要求及注意事项

(1)实训汽车停在实训工位上,没有经过老师批准不可起动,应先检查车轮的安全顶块是否放好,驻车制动器操纵杆是否拉好,换挡杆是否放在P挡(自动变速器),确认车前应没有人。

(2)禁止触碰任何带安全警示标识的部件。

(3)实训期间禁止嬉戏打闹。

三 制订工作方案

根据任务,小组进行讨论,确定工作方案(流程/工序),并记录。

____

____

____

实施和检查

根据制订的计划实施，完成以下任务并记录。

实施任务前准备：

(1)对高电压车辆周围布置好明显的警示标识。

(2)检查车辆，确保车辆无故障，主要是高压漏电类故障。

(3)制作标识⚠，用于在实训过程中标识高压部件。

1. 识别纯电动汽车高电压部件位置

(1)观察实训车辆，记录下车辆的型号。

(2)使用充电器给车辆充电，并将手中的高压标识粘贴到具有高电压的部件上面。

(3)打开车辆的前机舱，标识在车辆未运行时的高压部件。

(4)标识车辆在运行时前机舱的高压部件。

(5)打开车辆行李舱，标识车辆行李舱内的高压部件。

(6)举升车辆，拆卸车辆下护板，标识车辆底部的高压部件。

(7)总结纯电动汽车高压部件的安装位置特点。

2. 识别混合动力汽车高电压部件位置

(1)观察实训车辆，记录下车辆的型号。

(2)使用充电器给车辆充电，并将手中的高压标识粘贴到具有高电压的部件上面。

(3)打开车辆的前机舱，标识在车辆未运行时的高压部件。

(4)标识车辆在运行时前机舱的高压部件。

(5)打开车辆行李舱，标识车辆行李舱内的高压部件。

(6)举升车辆，拆卸车辆下护板，标识车辆底部的高压部件。

(7)总结和混合动力电动汽车高压部件的安装位置特点。

评估

根据任务完成情况，学生自我评分，教师或指定组长过程巡视/验收检查时，若发现问题直接扣分。

评估项目(分值)	自我评估	小组评估	教师评估
资讯(5)			
计划和决策(5)			
实施和检查(10)			
合计(20)			
总评			

教师签名：____________

任务3　新能源汽车安全设计

学生姓名		班级		学号	
实训场地		学时		日期	
客户任务	一辆电动汽车发生了事故,你被指派过去现场处理事故车辆,你能正确区别哪些地方是安全的,哪些车辆部件或系统依然会存在高电压吗?				
工作准备	1. 防护装备:绝缘防护装备。 2. 车辆、台架、总成:北汽纯电动汽车,比亚迪秦混合动力电动汽车,或其他新能源汽车(在国家车型目录内车辆)。 3. 专用工具、设备:无。 4. 手工工具:无。 5. 辅助材料:厂家维修手册或培训资料				
任务要求	能够正确分析新能源汽车的安全设计特点,并灵活运用				

资讯

请阅读教材中的“相关知识”,完成以下内容。

1. 新能源汽车的安全隐患

(1)新能源汽车有哪些安全隐患:________________

(2)高压安全注意:________________

(3)动力电池安全注意:________________

(4)危险运行工况下安全注意:________________

2. 新能源汽车的安全设计

(1)维修安全设计:________________

(2)碰撞安全设计:________________

(3)电气安全设计:________________

(4)功能安全设计:________________

计划和决策

请根据任务要求,确定所需要的场地和物品,并对小组成员进行合理分工,制订详细的工作计划。

一　制订人员分工

小组编号:________________组长:________________

小组成员：________________

你的任务：________________

二 准备场地及物品

检查并记录完成任务需要的场地、设备、工具及材料。

1. 场地

检查工作场地是否清洁及存在安全隐患，如不正常，请汇报老师并及时处理。

记录：________________

2. 车辆、充电桩、总成、工件

(1)车辆：________________

(2)充电桩：________________

(3)其他：________________

3. 设备及工具

(1)防护装备：________________

(2)设备及工具：________________

4. 安全要求及注意事项

(1)实训汽车停在实训工位上，没有经过老师批准不可起动，应先检查车轮的安全顶块是否放好，驻车制动器操纵杆是否拉好，换挡杆是否放在P挡(自动变速器)，确认车前应没有人。

(2)禁止触碰任何带安全警示标识的部件。

(3)实训期间禁止嬉戏打闹。

三 制订工作方案

根据任务，小组进行讨论，确定工作方案(流程/工序)，并记录。

____

____

____

____

____

实施和检查

根据制订的计划实施，完成以下任务并记录。

新能源汽车安全设计方面的部件认知

通过检索资料和结合教材或车辆维修手册，观察实车，判断该车辆的安全设计特点，并针对实际的应用方面进行讨论。

1. 动力电池安全设计策略

(1)动力电池可用容量修正:____________________

(2)荷电状态(SOC)估算及修正策略:____________________

(3)放电过程电流控制策略:____________________

(4)能量回馈过程控制策略:____________________

(5)车载充电电流控制策略:____________________

(6)地面充电(快充)模式控制策略:____________________

(7)保温过程控制策略:____________________

(8)动力电池故障处理策略:____________________

2. 安全设计的特点

(1)车辆安全设计:____________________

____

(2)高压维修安全设计:____________________

____

评估

根据任务完成情况,学生自我评分,教师或指定组长过程巡视/验收检查时,若发现问题直接扣分。

评估项目(分值)	自我评估	小组评估	教师评估
资讯(5)			
计划和决策(5)			
实施和检查(10)			
合计(20)			
总评			

教师签名:____________

项目四　高压车间作业安全要求

任务1　高压车间安全管理

学生姓名		班级		学号	
实训场地		学时		日期	
客户任务	你所在的维修站需要组建新能源汽车专业维修专用的高压车间,你的主管要求你制定高压车间相关的制度和标准,你能完成这个任务吗?				
工作准备	1. 防护装备:常规实训着装。 2. 车辆、台架、总成:无。 3. 专用工具、设备:无。 4. 手工工具:无。 5. 辅助材料:无				
任务要求	能够遵守新能源汽车维修高压车间和人员的要求				

资讯

请阅读教材中的“相关知识”,完成以下内容。

1. 高压车间安全管理

(1)车间焊接维修的注意事项:____

____

____

(2)火灾发生时,应注意什么?怎么处理?____

____

____

2. 高压车间场地与设施要求

新能源汽车维修专用的高压车间,必须满足哪些要求:____

____

____

3. 高压维修工位布置

高压维修工位的布置必须满足哪些要求:____

____

____

4. 车间维修人员要求

电动汽车维修操作人员具备的条件：____

____

____

计划和决策

请根据任务要求，确定所需要的场地和物品，并对小组成员进行合理分工，制订详细的工作计划。

一 制订人员分工

小组编号：______________________ 组长：______________________

小组成员：____

你的任务：____

二 准备场地及物品

检查并记录完成任务需要的场地、设备、工具及材料。

1. 场地

检查工作场地是否清洁及存在安全隐患，如不正常，请汇报老师并及时处理。

记录：____

2. 车辆、充电桩、总成、工件

车辆：____

充电桩：____

其他：____

3. 设备及工具

防护装备：____

设备及工具：____

4. 安全要求及注意事项

(1) 实训汽车停在实训工位上，没有经过老师批准不可起动，应先检查车轮的安全顶块是否放好，驻车制动器操纵杆是否拉好，换挡杆是否放在 P 挡(自动变速器)，确认车前应没有人。

(2) 禁止触碰任何带安全警示标识的部件。

(3) 实训期间禁止嬉戏打闹。

三 制订工作方案

根据任务,小组进行讨论,确定工作方案(流程/工序),并记录。

____

____

____

____

____

实施和检查

根据制订的计划实施,完成以下任务并记录。

参观新能源车间或实训室,讨论以下主题:

1. 新能源汽车维修车间的安全制度

记录:____

____

2. 新能源汽车维修车间场地与设施要求

记录:____

____

3. 新能源汽车维修人员要求

记录:____

____

评估

根据任务完成情况,学生自我评分,教师或指定组长过程巡视/验收检查时,若发现问题直接扣分。

评估项目(分值)	自我评估	小组评估	教师评估
资讯(5)			
计划和决策(5)			
实施和检查(10)			
合计(20)			
总评			

教师签名:______________

任务2　高压维修作业标准

学生姓名		班级		学号	
实训场地		学时		日期	
客户任务	你所在的维修站需要组建新能源汽车专业维修车间，你的主管要求你制订高压车间维修作业标准，你能完成这个任务吗？				
工作准备	1. 防护装备：安全防护装备。 2. 车辆、台架、总成：无。 3. 专用工具、设备：无。 4. 手工工具：无。 5. 辅助材料：无				
任务要求	能按新能源汽车高压维修作业标准操作				

资讯

请阅读教材中的“相关知识”，完成以下内容。

1. 新能源汽车维修流程

高压车辆维修时，管理人员和维修人员应该遵守的流程。

(1)管理人员：______

(2)维修人员：______

2. 新能源汽车维修安全操作规范

高压车辆维修安全操作的规范：______

______

______

3. 高压安全操作必备防护措施及工具

高压安全操作必备防护措施及工具：______

______

______

4. 高电压禁用操作程序

高压禁用的程序：______

______

______

5. 新能源汽车外出救援注意事项

外出救援时注意事项：______

计划和决策

请根据任务要求，确定所需要的场地和物品，并对小组成员进行合理分工，制订详细的工作计划。

一 制订人员分工

小组编号：________________ 组长：________________

小组成员：________________________________

你的任务：________________________________

二 准备场地及物品

检查并记录完成任务需要的场地、设备、工具及材料。

1. 场地

检查工作场地是否清洁及存在安全隐患，如不正常，请汇报老师并及时处理。

记录：________________________________

2. 车辆、充电桩、总成、工件

(1)车辆：________________________________

(2)充电桩：________________________________

(3)其他：________________________________

3. 设备及工具

(1)防护装备：________________________________

(2)设备及工具：________________________________

4. 安全要求及注意事项

(1)实训汽车停在实训工位上，没有经过老师批准不可起动，应先检查车轮的安全顶块是否放好，驻车制动器操纵杆是否拉好，换挡杆是否放在 P 挡(自动变速器)，确认车前应没有人。

(2)禁止触碰任何带安全警示标识的部件。

(3)实训期间禁止嬉戏打闹。

三 制订工作方案

根据任务，小组进行讨论，确定工作方案(流程/工序)，并记录。

实施和检查

根据制订的计划实施,完成以下任务并记录。

参观新能源车间或实训室,讨论以下主题:

1. 新能源汽车维修为什么要特别注意安全

记录:

2. 如何保证新能源汽车维修时的安全

记录:

评估

根据任务完成情况,学生自我评分,教师或指定组长过程巡视/验收检查时,若发现问题直接扣分。

评估项目(分值)	自我评估	小组评估	教师评估
资讯(5)			
计划和决策(5)			
实施和检查(10)			
合计(20)			
总评			

教师签名:

项目五　高压安全与防护

任务1　安全电压与急救理论

学生姓名		班级		学号	
实训场地		学时		日期	
客户任务	你作为新能源汽车专业的学生，刚进入工作岗位实习一个月不到的时间，突然有一天遇到了一位同事因违章操作导致了触电事故，此时你应该如何及时去帮助他？				
工作准备	1. 防护装备：常规实训着装。 2. 车辆、台架、总成：无。 3. 专用工具、设备：电脑心肺复苏模拟人。 4. 手工工具：无。 5. 辅助材料：无				
任务要求	能够正确、及时执行触电事故的处理与急救				

资讯

请阅读教材中的"相关知识"，完成以下内容。

1. 高电压与人体伤害

(1)多少伏的电压才会对人体造成伤害：________________

(2)高电压对人体的伤害形式有几种：________________

(3)交流与直流对人体的伤害哪种最大：________________

(4)新能源汽车在什么情况下会造成人体触电？如何避免：________________

2. 急救处理

(1)你的同伴触电时，你最先做什么：________________

____

____

(2)现场急救有哪几种方式：________________

____

____

(3)触电急救有哪些症状和急救方法：________________

____

____

计划和决策

请根据任务要求,确定所需要的场地和物品,并对小组成员进行合理分工,制订详细的工作计划。

一 制订人员分工

小组编号:______________ 组长:______________

小组成员:______________

你的任务:______________

二 准备场地及物品

检查并记录完成任务需要的场地、设备、工具及材料。

1. 场地

检查工作场地是否清洁及存在安全隐患,如不正常,请汇报老师并及时处理。

记录:______________

2. 车辆、充电桩、总成、工件

(1)车辆:______________

(2)充电桩:______________

(3)其他:______________

3. 设备及工具

(1)防护装备:______________

(2)设备及工具:______________

4. 安全要求及注意事项

(1)实训汽车停在实训工位上,没有经过老师批准不可起动,应先检查车轮的安全顶块是否放好,驻车制动器操纵杆是否拉好,换挡杆是否放在 P 挡(自动变速器),确认车前应没有人。

(2)禁止触碰任何带安全警示标识的部件。

(3)实训期间禁止嬉戏打闹。

三 制订工作方案

根据任务,小组进行讨论,确定工作方案(流程/工序),并记录。

实施和检查

根据制订的计划实施,完成以下任务并记录。

本任务主要练习触电后突发事故下,如何正确执行急救。

1. 根据触电事故的情况,描述正确的触电急救流程

2. 教师演示心肺复苏基本操作方法与注意事项

3. 学生相互练习心肺复苏操作方法

评估

根据任务完成情况,学生自我评分,教师或指定组长过程巡视/验收检查时,发现问题直接扣分。

评估项目(分值)	自我评估	小组评估	教师评估
资讯(5)			
计划和决策(5)			
实施和检查(10)			
合计(20)			
总评			

教师签名:

任务2　安全防护与应急处理

学生姓名		班级		学号	
实训场地		学时		日期	
客户任务	你被安排去维修一辆新能源汽车，在维修车辆前，你的主管要求你做好个人安全防护措施，你知道应该怎么去做吗？				
工作准备	1. 防护装备：绝缘防护装备。 2. 车辆、台架、总成：无。 3. 专用工具、设备：ABC 灭火器。 4. 手工工具：无。 5. 辅助材料：无				
任务要求	能够正确使用安全防护设备				

资讯

请阅读教材中的“相关知识”，完成以下内容。

1. 安全防护

(1)常见的安全防护措施有哪些？______________________________

____

____

(2)绝缘手套的使用注意事项：______________________________

(3)护目镜的使用注意事项：______________________________

(4)绝缘鞋的使用注意事项：______________________________

(5)绝缘安全帽的使用注意事项：______________________________

(6)非化纤工作服的使用注意事项：______________________________

2. 应急处理

(1)新能源汽车有哪些常见的应急处理需求：______________________________

____

____

(2)各种应急处理的注意事项：______________________________

____

____

____

计划和决策

请根据任务要求，确定所需要的场地和物品，并对小组成员进行合理分工，制订详细的工作计划。

一 制订人员分工

小组编号：________________ 组长：________________
小组成员：________________________________
你的任务：________________________________

二 准备场地及物品

检查并记录完成任务需要的场地、设备、工具及材料。

1. 场地

检查工作场地是否清洁及存在安全隐患，如不正常，请汇报老师并及时处理。
记录：________________________________

2. 车辆、充电桩、总成、工件

（1）车辆：________________________________
（2）充电桩：________________________________
（3）其他：________________________________

3. 设备及工具

（1）防护装备：________________________________
（2）设备及工具：________________________________

4. 安全要求及注意事项

（1）实训汽车停在实训工位上，没有经过老师批准不可起动，应先检查车轮的安全顶块是否放好，驻车制动器操纵杆是否拉好，换挡杆是否放在P挡（自动变速器），确认车前应没有人。
（2）禁止触碰任何带安全警示标识的部件。
（3）实训期间禁止嬉戏打闹。

三 制订工作方案

根据任务，小组进行讨论，确定工作方案（流程/工序），并记录。

____
____
____

实施和检查

根据制订的计划实施,完成以下任务并记录。

1. 根据实训场地个人安全防护设备的类型,练习使用个人安全防护设备,并学会如何正确自检安全防护设备

(1)绝缘手套。

使用检查记录:

(2)护目镜。

使用检查记录:

(3)绝缘鞋。

使用检查记录:

(4)绝缘安全帽。

使用检查记录:

2. 练习使用 ABC 干粉灭火器,学会正确认知 ABC 干粉灭火器,并正确使用干粉灭火器

使用记录:

评估

根据任务完成情况,学生自我评分,教师或指定组长过程巡视/验收检查时,若发现问题直接扣分。

评估项目(分值)	自我评估	小组评估	教师评估
资讯(5)			
计划和决策(5)			
实施和检查(10)			
合计(20)			
总评			

教师签名:

任务3　高压系统中止与检验

学生姓名		班级		学号	
实训场地		学时		日期	
客户任务	你被安排去维修一辆纯电动汽车驱动电机的逆变器。你的主管告诉你，在拆卸高压部件前，必须执行高压系统中止，并完成高压检验确认后才可以维修。你能完成这些任务吗？				
工作准备	1. 防护装备：绝缘防护装备。 2. 车辆、台架、总成：北汽纯电动汽车系列，丰田普锐斯，或其他纯电动汽车以及混合动力电动汽车。 3. 专用工具、设备：万用表；放电工具。 4. 手工工具：绝缘拆装工具。 5. 辅助材料：绝缘胶带				
任务要求	能够正确执行车辆的高压中止与检验操作				

资讯

请阅读教材中的“相关知识”，完成以下内容。

1. 新能源汽车的高电压存在形式

新能源汽车高电压系统的高电压主要有几种存在形式？分别是什么？举例说明。

____

____

2. 车辆高电压的接通与关闭

控制单元控制接触器接通与关闭的条件与原理是什么：______________________________

____

____

3. 手动切断动力电池高压

手动维修开关的位置和功能：______________________________

____

____

4. 高电压系统的中止与检验

(1)中止程序：______________________________

____

____

(2)检验程序：______

______

______

计划和决策

请根据任务要求，确定所需要的场地和物品，并对小组成员进行合理分工，制订详细的工作计划。

一 制订人员分工

小组编号：______组长：______
小组成员：______
你的任务：______

二 准备场地及物品

检查并记录完成任务需要的场地、设备、工具及材料。

1. 场地

检查工作场地是否清洁及存在安全隐患，如不正常，请汇报老师并及时处理。
记录：______

2. 车辆、充电桩、总成、工件

(1)车辆：______
(2)充电桩：______
(3)其他：______

3. 设备及工具

(1)防护装备：______
(2)设备及工具：______

4. 安全要求及注意事项

(1)实训汽车停在实训工位上，没有经过老师批准不可起动，应先检查车轮的安全顶块是否放好，驻车制动器操纵杆是否拉好，换挡杆是否放在P挡(自动变速器)，确认车前应没有人。

(2)禁止触碰任何带安全警示标识的部件。

(3)实训期间禁止嬉戏打闹。

三 制订工作方案

根据任务，小组进行讨论，确定工作方案(流程/工序)，并记录。

______

实施和检查

根据制订的计划实施，完成以下任务并记录。

本任务主要操作是正确执行新能源汽车的高压系统中止与检验，具体实训车辆可根据实训中心现有车辆来操作。

1. 实操前准备

(1)检查个人安全防护设备，确保绝缘手套等防护设备在有效检验期内并可用。

(2)检查车辆，确保实训车辆没有高压隐患。

警示：该操作具有一定的高电压安全危险，学生务必按照教师的指导进行！

执行该操作时，必须有两名经过对应车型培训，且具有高压电工证的教师执行！

2. 实操步骤

(1)北汽纯电动汽车高压中止与检验：________________

(2)丰田普锐斯混合动力电动汽车高压中止与检验：________________

(3)比亚迪 e6 混合动力电动汽车高压中止检验：________________

(4)其他车辆高压中止检验：________________

评估

根据任务完成情况，学生自我评分，教师或指定组长过程巡视/验收检查时，若发现问题直接扣分。

评估项目(分值)	自我评估	小组评估	教师评估
资讯(5)			
计划和决策(5)			
实施和检查(10)			
合计(20)			
总评			

教师签名：________

职业教育新能源汽车技术专业创新教材

新能源汽车概论（第 2 版）

新能源汽车高压安全与防护（第2版）

新能源汽车动力电池与驱动电机（第 2 版）

新能源汽车充电与辅助系统检修

新能源汽车维护与故障诊断（第2版）

智能网联汽车概论

ISBN 978-7-114-17759-0

9 787114 177590 >

定价：48.00元

（含教材 + 任务工单）